AF330426

LA QUESTION

DE

LA CAPITALE

PAR

JULES AMIGUES

Décapitalisons Paris !

DEUXIÈME ÉDITION. — Prix : 50 Centimes

PARIS

AMYOT, LIBRAIRE-ÉDITEUR

6, RUE DE SEINE, 6

—

1879

LA QUESTION

DE

LA CAPITALE

Debout près de l'autel, Périclès renouvelle
Sa promesse de vivre et de mourir fidèle.
Socrate le reçoit, le présse dans ses bras ;
Peuple, vieillards, guerriers, citoyens, magistrats,
Chacun répète alors d'une voix attendrie :
« Les Dieux ont un Olympe, et nous une Patrie. »

LA QUESTION

DE

LA CAPITALE

PAR

JULES AMIGUES

Décapitalisons Paris !

DEUXIÈME ÉDITION. — Prix : 50 Centimes

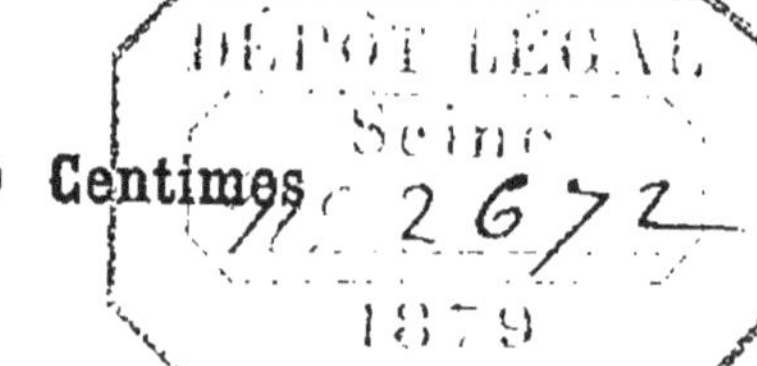

PARIS

AMYOT, LIBRAIRE-ÉDITEUR

6, RUE DE SEINE, 6

—

1879

PRÉFACE

——

Ceci est un chapitre d'un livre que j'achève et qui aura pour titre : *la République impériale.*

La discussion prochaine sur la résidence constitutionnelle des pouvoirs publics m'a paru fournir une occasion pour lancer en avant cette partie de mon travail et réveiller peut-être, chez quelques politiques de bon sens et de bonne foi, des idées jadis remuantes et actives, qui semblent aujourd'hui s'être endormies dans leurs cerveaux lassés.

Nous avons vu il y a huit ans — étrange et grave phénomène ! — les fédéralistes de la Commune incendier Paris en attestant les mêmes principes de décentralisation dont les conservateurs - libéraux de l'école de Nancy s'étaient servis pour battre en brèche l'Empire.

Nous voyons aujourd'hui — spectacle non moins instructif ! — les parvenus de septembre, anciens associés des théoriciens de Nancy et des praticiens de Paris, s'installer commodément dans le centralisme impérial, qui leur paraît la plus merveilleuse chose du monde, depuis qu'ils en ont la possession et le profit.

Une telle mobilité chez les hommes, une telle inconsistance dans les idées, un tel désordre dans les faits nous somment, impérieusement et sous peine de mort, de mettre un peu d'ordre dans nos doctrines.

J'obéis, pour ma part, à cette sommation.

Je me renferme aujourd'hui dans « la question de la capitale »; mais les vues ou les solutions que j'expose à ce sujet se rattachent à un ensemble de réformes qui a pour objectif principal de satisfaire à ce double besoin d'autorité et de liberté, de centralisme et d'autonomie, de monarchie et de république dont les exagérations alternatives ont produit en France, surtout depuis un siècle, des oscillations si redoutables.

J'ai dès longtemps, et sous diverses formes de publicité, indiqué le plan de ces réformes. La *République impériale* les présentera dans leur ordre général et leur fonctionnement simultané, et je n'en parle ici que pour justifier telle échappée de vue qui, de la question de la capitale, peut attirer l'esprit du lecteur vers de plus vastes horizons.

Je sais que plusieurs de mes amis sont disposés à soutenir, dans les commissions parlementaires ou devant la Chambre, la rentrée à Paris ; je sais que l'un d'eux, pour qui je professe la plus cordiale estime, est l'auteur de la proposition même qui soulève le débat sur la question. Je les supplie de m'excuser si la thèse que je soutiens ne se trouve point d'accord avec la marche qu'ils suivent. Le temps approche, à ce qu'il me semble, où la tactique prendra moins d'importance que les principes : à la veille des crises suprêmes, alors que toutes les convictions flottent et chancellent dans les âmes indécises, alors que toutes les forces de reconstruction sociale s'éparpillent faute de trouver la loi de leur accord, un grand parti, dont la base est la nation même, a le devoir de se faire, pour des circonstances historiques nouvelles, un programme nouveau, à la fois large et précis, ouvert dans ses doctrines, exact dans ses formules, qui soit comme un asile hospitalier où les honnêtes gens puissent de partout venir prendre refuge.

Telle est l'œuvre à laquelle je convie — sans autre prétention que de leur donner l'exemple — mes amis et tous les hommes de bonne volonté.

J. A.

LA QUESTION

DE

LA CAPITALE

I

En 1869, comme je rentrais en France après un séjour
de dix années à l'étranger, je demeurai frappé de la
gravité des symptômes révolutionnaires qui se mani-
festaient dans tout le pays, mais plus spécialement
dans la capitale, et j'écrivis, à ce propos, dans le *Moniteur universel*, une série d'articles ayant pour titre
commun : DÉCAPITALISONS PARIS.

Si je rappelle ici quelques lignes d'un de ces articles,
ce n'est point, comme l'on verra, pour revenir à la
charge contre Paris, dont la situation maladive et les
intérêts menacés appellent toutes les sollicitudes ;
ce n'est pas davantage pour tirer orgueil de prévisions tristement réalisées, mais seulement parce
qu'il y a une force et une autorité particulière dans
les faits accomplis, lorsqu'ils se sont accomplis en vertu
de lois indiquées et formulées d'avance.

Donc, j'écrivais dans le *Moniteur universel* du 8 juin 1869:

« Il n'est pas niable que *suffrage universel* et *décentralisation* sont deux termes corollaires, presque synonymes. Dire qu'un pays tout entier, sans distinction de castes ni de classes, a droit d'examen et de vote sur ses propres affaires, cela ne signifie rien ou cela suppose que les aptitudes à la vie publique sont considérées comme également répandues sur toute la surface du pays et dans tous les rangs de la société; et cela emporte comme conséquence que les fonctions de la vie publique (1) doivent être réparties également entre tous les citoyens; cela implique que la constitution et la pratique du gouvernement, la faculté de maintenir ou de changer les institutions résident dans la masse nationale tout entière et ne doivent pas être laissées à la discrétion d'un petit nombre, aux hasards d'une surprise.

« Quelle plaisanterie, en effet, que le suffrage universel, si l'on pouvait voir aujourd'hui, comme en 1830 ou en 1848, quelques centaines d'hommes exaltés et courageux — quelques centaines de « héros », si l'on veut — bouleverser en trois jours, moyennant quelques centaines de coups de fusil et quelques flots généreux de sang versé, l'assiette et les conditions du régime national, sans que la nation souveraine eût autre chose à faire que d'approuver en tremblant, ou bien de réagir et de défaire, au prix de déchirements redoutables, une œuvre qu'elle n'approuverait pas !

« A quoi servirait le suffrage universel, si la seule conscience de sa force et du respect qui lui est dû ne suffisait pas à nous rassurer contre le retour de semblables éventualités?

« Quel peuple serions-nous aux yeux du monde, si l'on pouvait dire de nous, désormais, qu'une nation de douze millions de citoyens est à la merci d'une manifestation de boulevard?

---

(1) Il ne s'agit pas ici, cela est clair, des *fonctions publiques.*

« Ainsi, le premier résultat, l'inévitable conséquence du suffrage universel, c'est que Paris ne saurait plus être désormais LA CAPITALE DE LA RÉVOLUTION...

« Car, s'il en devait être ainsi toujours, le suffrage universel en serait atteint dans sa dignité, dans son honneur, dans les sources les plus directes de son existence et de son crédit ; et l'on voit par là que la fortune du principe fondamental sur lequel reposent nos institutions actuelles est liée étroitement à la découverte et à l'application d'un mécanisme politique qui assure au suffrage universel le franc et libre exercice de sa souveraineté.

« En d'autres termes, la centralisation politique est atteinte et condamnée dans la personnalité et le rôle historique de la ville de Paris ; et la sanction pratique de cette condamnation prononcée par le suffrage universel, c'est que Paris ne saurait plus prétendre désormais à être le siége *exclusif* de la représentation nationale. »

Depuis le temps où j'écrivais ces lignes, il est advenu que, Paris n'ayant point été décapitalisé en temps utile, une nation de 12 millions de citoyens, la dignité du suffrage universel, l'honneur et la fortune du pays tout entier se trouvèrent, le 4 septembre, « à la merci d'une manifestation de boulevard » ; et la conséquence en est que la nation, à travers des oscillations et des déchirements dont l'heure finale nous est encore inconnue, a dû et devra réagir pour défaire ce que la capitale de la Révolution a fait — sans parler de ce qu'elle fera.

Ce qui tend à prouver que je n'avais pas si grand tort en 1869, et qu'il n'est pas devenu, depuis lors, inopportun ou inutile de poursuivre la recherche « d'un mécanisme politique qui assure au suffrage universel le franc et libre exercice de sa souveraineté ».

Ce mécanisme, c'est celui dont j'essaie de tracer dans ce livre (1) les principaux ressorts.

---

(1) *La République impériale.*

J'ai assez indiqué que ces ressorts sont dirigés contre la centralisation. J'entends la centralisation politique et administrative : car c'est tout un, malgré les savantes distinctions des analystes experts, et, sauf l'importance respective des objets, le système régulier qui fait ressortir à Paris les destins du garde champêtre de Carpentras est du même ordre et procède des mêmes causes que le phénomène révolutionnaire qui concentre tous les pouvoirs aux mains d'une Convention. Au bout de tout cela, il y a, entre autres vices ou vertus des hommes et des choses, le besoin de commander et d'opprimer, inné dans l'âme de tout Français et qui s'exagère jusqu'à la folie sous l'empire des institutions ou des circonstances qui le favorisent.

Mais, politique ou administrative, qu'est-ce que la centralisation ? Où commence-t-elle et où finit-elle ?

Il tombe sous le sens que nous ne sommes point ici dans le domaine des délimitations rigoureuses et des définitions dogmatiques, la centralisation n'étant ni une substance concrète, ni une abstraction formelle, mais une manière d'être susceptible de variations et de degrés.

On dit qu'un Etat est centralisé, lorsque les fonctions de la vie politique et sociale y sont fortement condensées et que les pouvoirs publics y sont constitués de façon à absorber une grande part des initiatives individuelles et des activités locales : — d'où il apparaît que la centralisation convient à l'autorité.

On dit qu'un Etat est décentralisé lorsque la vie politique et sociale y est disséminée sur toute la surface du pays et que les pouvoirs publics y sont mesurés et réglés de manière à n'en point gêner l'essor :— par où l'on voit que la décentralisation profite à la liberté.

Entre ces forces contradictoires et ces nécessités diverses, l'équilibre et l'harmonie résultent d'une organisation des pouvoirs telle que la centralisation et la décentralisation, l'autorité et la liberté aient chacune sa part et sa sphère d'action conformément à la nature des choses, au tempérament particulier de la nation et aux lois générales de son évolution historique.

L'absolu n'a donc rien à faire ici, et quand nous nous attaquons, d'une manière générale et pour les commodités du langage, à « la centralisation », c'est simplement l'excès de la centralisation que nous voulons réduire, de façon à en atténuer les inconvénients et supprimer les périls.

II

Or, la capitale, son humeur native, son esprit traditionnel, sa situation géographique, l'importance de sa population sont ici des éléments considérables.

Pour nous en tenir aux faits les plus simples et les plus patents, nous avons l'assurance de n'être point contredits si nous avançons que : toute capitale d'un Etat centralisé exerce, par la condensation de la vie politique dont elle est le siége, une attraction intense sur les activités et les ambitions d'ordre politique, qui ne peuvent trouver que là les moyens de se satisfaire ; et nul ne sera tenté, non plus, de contester cet axiome, renforcé de tant d'expériences : que l'extrême concentration des pouvoirs publics fournit des facilités singulières aux révolutions, puisque, étant donné l'appareil matériel qui répond à cette concentration, il suffit de mettre la main sur le télégraphe du ministère de l'intérieur pour être maître de la France ; — c'est-à-dire que l'excès de puissance est ici en même temps excès de faiblesse.

Ces quelques lignes que nous venons d'écrire, c'est l'histoire politique de Paris capitale.

En l'état de nos institutions et de nos habitudes, les individualités actives ou brouillonnes que sollicite l'appétit du pouvoir ou le désir de se produire, ne trouvant point, dans la vie politique de la province, un aliment qui leur suffise, se ruent de toutes parts vers Paris. Là, elles se bousculent et s'étouffent sous l'âpre aiguillon d'une concurrence effrénée. Accueillies, mais perdues, dans une immense population où pullulent les éléments de trouble et de désordre, elles sont surexcitées par la chaleur du milieu social et par la terrible séduction qu'exercent les trop nombreux exemples de fortunes politiques faites en un jour par les voies de l'émeute ou du scandale.

De ces contacts violents et de ces facilités malsaines naissent périodiquement les bouleversements politiques. Tous les quinze ou dix-huit ans, la tête de pont de la place de la Concorde est occupée et enlevée par quelques milliers d'hommes que mènent ou poussent une centaine d'intrigants ou de rhéteurs. « La Chambre est envahie » selon la tradition sacramentelle et le gouvernement est changé, au nom du peuple français, par une poignée de Parisiens qui sont presque tous venus de la province.

Ce phénomène, tant de fois répété, implique et emporte avec lui la nécessité politique de décapitaliser Paris — quant à sa faculté d'initiative révolutionnaire — et de supprimer ainsi cette cause permanente de spasmes intermittents, que Fourier eût appelée « le centralisme passionnel ».

Je dirai tout à l'heure comment doit s'entendre et s'opérer la décapitalisation de Paris. Mais il est bien évident que la mesure, fût-elle appliquée dans toute sa rigueur, serait par elle-même fort incomplète et de médiocre effet, si l'on devait se borner à établir sur un autre point la capitale sans rien changer aux institutions. Ce ne serait là qu'une ressource dilatoire, et l'on se retrouverait, un peu plus tôt, un peu plus tard, en présence des mêmes embarras et des mêmes périls si, en même temps qu'on les écarte, on ne se préoccupait d'en prévenir le retour. Ce qui revient à dire que la question de la capitale est étroitement liée à la reconstitution de la France provinciale, ou plutôt qu'elle n'est que l'un des termes de cette grande question. En développant et en organisant la vie locale, on fournira un théâtre aux esprits actifs, ambitieux ou agités. Ceux qui auront de vrais talents parviendront avec moins d'effort qu'aujourd'hui à se faire connaître et à prendre un rôle. Ceux qui n'auraient que de mauvaises passions seront plus aisément jugés et plus rapidement discrédités qu'ils ne peuvent l'être au milieu de la vaste mêlée d'une grande capitale. Et, d'autre part, Paris, n'étant plus une capitale révolutionnaire, n'exercera plus sur eux la même attraction : il faudra qu'ils trouvent à se classer en province, ou bien la province, judiciairement ou par d'autres voies, les éliminera.

Sans doute, la plupart des hommes d'initiative et de tempérament trouveront moyen de se faire envoyer au centre politique, quel qu'il soit. Il n'y a rien à dire à cela : c'est une condition naturelle de la vie publique ; c'est la loi du recrutement spontané. Mais ceux qui viendront ainsi prendre place dans les corps de l'Etat auront — quand la vie provinciale aura été reconstituée et pourvue de ses organes — leur attache originelle et leur point d'appui politique dans leurs provinces respectives. C'est là qu'ils s'agiteront et qu'ils agiteront. C'est là qu'ils auront à créer et à maintenir leur popularité, à défendre leur situation et leur importance. Le centre sera dégagé d'autant et, grâce à cette canalisation des facultés individuelles et des fonctions sociales, le pays sera protégé contre ces accès pléthoriques qui sont la cause efficiente de nos révolutions.

***

III

Ainsi s'impose et se justifie, au point de vue politique, la décapitalisation de Paris. Mais ce n'est pas tout, et la guerre de 1870 est venue fournir un éclatant et terrible commentaire à la révolution en montrant aux plus aveugles que Paris, capitale politique dangereuse, est en même temps une capitale militaire au moins inutile.

Pour ce qui me concerne, la désillusion avait précédé l'événement. Lorsque je vis le gouvernement de Septembre déclarer qu'il allait défendre Paris et faire mine de s'y préparer, je fus pris, je l'avoue, de doutes amers que l'événement a trop justifiés, et j'ai ressenti depuis le même étonnement en voyant, non-seulement l'Assemblée nationale, mais le corps de nos officiers généraux reprendre avec conviction la question de la défense de Paris, au moment même où l'expérience de deux siéges successifs venait de prouver que Paris est aussi aisé à conquérir par les armes que par la révolution.

C'est qu'en effet une ville de deux millions d'habitants et de vingt lieues de tour n'est point, de sa nature, militairement défendable, surtout si cette ville est la capitale d'un Etat centralisé. Il y a, de cela, bien des raisons. J'en indiquerai trois principales.

La première est que l'investissement d'une capitale décapite la résistance même du pays ; car, le pays se trouvant ainsi isolé du centre d'où il a l'habitude de recevoir l'impulsion politique, la défense générale doit nécessairement aller à la dérive et entraîner, dans un délai plus ou moins long, la chute de la capitale elle-même.

La seconde est que la défense d'une ville aussi énorme que Paris est, avant toute chose, affaire d'approvisionnement, et que, par conséquent, il suffit, pour la réduire, de couper et de tenir à l'état d'interruption, sur un parcours de seulement cinquante centimètres, les artères ferrées qui servent à son alimentation.

Sans doute, en allongeant le rayon de la défense, comme on a entrepris de le faire, on augmentera les difficultés de l'investissement ; mais il n'est point dans la nature des choses que l'on réussisse à étendre ce rayon assez pour assurer d'une façon durable l'alimentation d'une ville de deux millions d'habitants.

Au lieu que ce rayon soit de deux lieues, par exemple, vous le porterez à cinq ou six : ici jusqu'à Brunoy, là jusqu'à Ermont, ailleurs jusqu'à Lagny. Qu'est-ce que cela pourra changer aux conditions finales de la guerre ? Et si le pays, au delà de ces limites, est occupé par l'ennemi, si les voies ferrées sont coupées au delà d'Ermont, ou de Lagny, ou de Brunoy, dans quelle proportion sérieuse seront élargies les bases d'approvisionnement de Paris ? Qu'est-ce que vous aurez ajouté aux facilités et aux chances de la défense ? Vous aurez simplement fait qu'on aura moins à se battre parce que les lignes de l'ennemi se trouveront rejetées plus loin ; et la défense languira d'autant jusqu'au jour où elle aboutira, selon l'ordinaire, à une capitulation, si, par un cas bien rare, la fortune de la guerre, plus favorable ailleurs, ne vient dégager la cité investie : — ce qui est infiniment moins probable quand cette cité est précisément la capitale d'un pays centralisé et que, par le fait de son investissement, le réseau de transmission et de circulation se trouve interrompu dans le pays tout entier.

Enfin — c'est ma troisième raison et j'oserai la dire, au mépris des plates et niaises flagorneries dont les républicains ont abreuvé le Paris de 1870-1871 — une ville de proportions exceptionnelles ne se défend jamais que peu ou mal, parce qu'elle n'a jamais que très-peu de patriotisme.

Comment en pourrait-il être autrement? Une telle ville est peuplée d'éléments venus un peu de partout et entre lesquels les relations sont fort éparpillées ; les idées et les sentiments y participent tout naturellement de cet état de choses, et il est difficile que tous ces gens, qui ne se connaissent pas, soient, en présence d'un danger commun — qu'il vienne du dedans ou du dehors — unis d'une solidarité bien étroite.

Ajoutez à cela la dissolution morale, toujours active dans une grande ville, la frivolité d'une jeunesse que ne retiennent guère ni les liens de la famille ni le respect humain, le scepticisme des gens blasés, l'habitude des plaisirs, les mille séductions qui détournent des œuvres sévères du patriotisme, le philosophisme transcendantal des professeurs de fraternité universelle (1), le contact des troupes avec tous ces ferments de décomposition, et vous ne serez pas surpris qu'on voie, dans l'histoire de tous les temps et de tous les pays, les capitales, une fois découvertes, céder si facilement; — vous ne serez pas surpris que Rome elle-même se laisse enlever et violer tant de fois par les armées étrangères ou par les factions intérieures, par Brennus ou par Sylla, par Marius ou par Alaric, par Totila ou par le duc de Bourbon, par les troupes françaises de Berthier et d'Oudinot ou par les forces italiennes du roi Victor-Emmanuel; vous ne serez pas surpris que Naples s'ouvre indistinctement à Charles de Duras, à Joseph Bonaparte ou à Garibaldi; vous ne serez pas surpris que Londres tombe, presque sans coup férir, aux mains de Guillaume le Conquérant ou de Wat-Tyler; vous ne serez pas surpris que Berlin, au lendemain d'Iéna, offre

---

(1) Chacun se souvient qu'en 1870, au moment même où les armées victorieuses à Sedan marchaient sur Paris, M. Victor Hugo eut la poétique imbécillité de publier un morceau fort tendre à l'adresse du « Peuple allemand ».

d'elle-même ses clefs à Napoléon; vous ne serez pas surpris que Vienne, après la capitulation d'Ulm, envoie ses magistrats au-devant de l'Empereur; — vous serez seulement surpris qu'après tant et de tels exemples, il se soit trouvé des politiques assez myopes pour bâtir les fortifications de Paris, des politiqueurs assez bêtes pour s'y enfermer sous prétexte de les défendre, et qu'il se trouve encore aujourd'hui de savants hommes de guerre pour jeter des centaines de millions dans l'inutile entreprise de les développer.

La vérité est — et Metz l'a prouvé une fois de plus en même temps que Paris — la vérité est que les places fortes n'ont plus aujourd'hui le même rôle qu'autrefois; que les guerres modernes sont essentiellement des guerres nationales, dans lesquelles la défense du pays est et doit être partout : — de telle façon que *le meilleur terrain de retraite, en cas d'invasion, n'est pas la ville où l'on peut concentrer et renfermer le plus d'hommes possible, mais, au contraire, l'étendue la plus vaste que l'on peut clore et garder avec le moins d'hommes possible.*

C'est ainsi que quarante mille hommes, selon le témoignage de Napoléon Ier, suffiraient pour défendre indéfiniment contre la plus formidable invasion les dix ou douze départements qui forment le plateau central de la France et pour tenir, de là, la résistance en éveil partout; tandis que cinq cent mille hommes, bloqués dans Paris, n'ont servi qu'à faire tomber d'un seul coup, par la capitulation de Paris, la résistance de la France tout entière. En deux mots comme en cent, le secret en cette matière — et il n'est pas besoin d'être militaire pour le savoir — c'est de centraliser l'attaque de manière à ne rien perdre de ses forces, et de décentraliser la défense de manière à éparpiller les forces de l'ennemi.

Ce qui est précisément le contraire de ce que firent nos avocats-guerriers de 1870, lorsque, abritant derrière les murs de Paris leur inepte gouvernement, ils y enfermèrent avec lui les trois quarts de l'armée qui restait à la France.

IV

La double expérience qui, en 1870 et 1871, a livré Paris à l'émeute et ensuite à l'ennemi, est donc venue attester une fois de plus que Paris est, de sa nature, une capitale dangereuse, parce qu'elle est révolutionnaire, et une place de guerre plus funeste qu'utile, parce qu'elle ne peut être sérieusement défendue et que la dépense d'efforts qu'on fait pour la sauver ne sert qu'à perdre le reste.

Et la conséquence de ce double fait, c'est qu'il faut à la France, soit contre la révolution, soit contre l'invasion, une seconde capitale.

Contre la révolution, il faut à la France une capitale moins vaste, moins sujette aux agitations que ne l'est Paris, et jouant son rôle spécial dans un cadre d'institutions où la contre-révolution soit organisée par avance.

Contre l'invasion, il faut à la France une capitale d'où l'on puisse — après avoir porté d'abord le principal effort de la défense sur les points menacés — soutenir la retraite de façon à couvrir, non point la capitale seulement, mais la France elle-même, ou ce qui resterait de la France.

Double nécessité non entrevue d'avance, mais qui s'est fait jour spontanément dans la guerre et la révolution de 1870 : car la capitale militaire, le siége de la défense générale a été transporté de Paris à Tours et ensuite à Bordeaux ; comme la capitale politique, la résidence de l'Assemblée souveraine a été établie d'abord à Bordeaux et ensuite à Versailles.

C'est ainsi que les hommes et les peuples, sous la brusque sommation d'évènements inattendus, font, par

instinct passif, juste ce que la prévoyance aurait con-
seillé pour éviter ces évènements.

Mais ce sont là des expédients de circonstan-
ce : l'hégire de Versailles elle-même, quoiqu'une
constitution l'ait consacrée, n'est rien de plus qu'une
étape ; et de cette série de fuites et de provisoires dont la
capitale a été l'objet ou l'occasion depuis plus de huit
années, il faudra bien tirer à la fin quelque chose de
ferme et de définitif, en un mot une solution.

Cette solution, les uns la voient dans le retour à Paris, où ils sont rappelés par de vieilles habitudes d'esprit, par la fatuité de l'ignorance, par l'aveugle recherche d'une fausse popularité, par le désir de jouir en
paix. C'est à tout cela que répond l'installation du pré-
sident de la Chambre des députés au Palais-Bourbon,
augure de la translation des Chambres. De quoi cette
translation elle-même est l'augure, nous l'avons indiqué plus haut ; et si jamais les républicains, par voie
de congrès ou autrement, se risquent à rétablir dans
Paris le siége des assemblées délibérantes — ce dont
je doute fort, en dépit de leurs vieilles promesses et de
leur fausse bravoure, — ils auront activé d'autant la
crise nouvelle et finale qui décapitalisera Paris.

D'autres, portant leurs regards au delà de cette sta-
tion et de ses conséquences, pensent qu'il conviendrait
et qu'il suffirait — lorsqu'enfin on en viendra à rasseoir
sérieusement un gouvernement en France — d'installer
les pouvoirs publics hors de portée de l'émeute, mais
à portée de Paris : à Versailles même, par exemple, ou
mieux à Saint-Cloud, sous le canon du Mont-Valérien.

Quoique je compte, parmi ceux à qui cette détermi-
nation peut sourire, tels amis dont j'ai coutume d'ac-
cueillir les avis avec autant de confiance que de respect, je les conjure de souffrir que je ne me range point
pour cette fois à leur sentiment. Ce n'est point l'émeute
qu'il s'agit de prévoir ou de réduire, ce sont les causes
de révolution qu'il faut supprimer ; ce n'est point

l'enceinte où siégeront les pouvoirs publics qu'il s'agit de transporter hors de l'enceinte de Paris, ce sont ces pouvoirs eux-mêmes qu'il faut arracher aux nervosités prédominantes dans l'air de Paris ; c'est Paris aussi qu'il faut prémunir contre les accès intermittents que lui procure le contact ou le voisinage immédiat des Assemblées délibérantes. Pour atteindre à ce résultat, un certain éloignement est nécessaire. Tours, Blois ou Bourges, ou encore Clermond-Ferrand, distantes de Paris tout juste autant que l'était Compiègne ou Fontainebleau, il y a trente ans, seraient dans de bonnes conditions.

Au point de vue politique, ces diverses villes, d'importance moyenne, occupant de belles positions dans la région centrale de la France, au milieu de populations paisibles et de terres fécondes, offriraient aux pouvoirs publics une résidence aussi commode que paisible.

Au point de vue militaire, Clermont, situé au milieu d'un cirque de montagnes qui enveloppe dix à douze départements ; Clermont, commandant à un plateau central dont l'altitude moyenne est de mille mètres au-dessus du niveau de la mer ; Clermont, assuré d'un approvisionnement inépuisable par l'opulence des pays circonvoisins ; Clermont, placé hors de portée des marches ennemies, mais pas assez loin pour ne pouvoir aisément, en l'état moderne des communications, surveiller et couvrir la frontière nationale ; Clermont touchant, en dix ou douze heures de chemin de fer, à tous les points du territoire, à toute la côte française de la Méditerranée et de l'Océan ; Clermont répond précisément aux conditions que je signalais tout à l'heure comme favorables ou nécessaires à la défense nationale et offrirait, par conséquent, des avantages très-réels sur les villes du bassin de la Loire.

Napoléon Ier connaissait à merveille la force de cette situation lorsque, à la fin de la campagne de France, il rêvait de se jeter dans les montagnes de l'Auvergne, « d'où l'Europe entière, disait-il, ne pourrait le déloger. »

Vercingétorix avait fourni à Napoléon le témoignage de l'expérience, lorsqu'il tint César en échec pendant plusieurs années sur ce même terrain, d'où il eut ensuite l'imprudence de sortir pour aller se faire battre en Bourgogne.

Mais je ne veux, en ce qui concerne le choix de la capitale, fournir ici que des éléments d'appréciation, et c'est tout exprès que je laisse la discussion ouverte, après avoir indiqué mes préférences personnelles.

V

Ainsi une double loi de salut social et de conservation nationale sollicite le gouvernement de la France, sinon à se séparer absolument de Paris — on verra plus loin que telle n'est point ma thèse, — du moins à se dégager de l'influence de Paris et des fatalités qu'elle mène à sa suite. Mais la puissance de l'habitude, la routine entêtée — fatal correctif de la légèreté française — le pousse à rentrer dans Paris, ou du moins à ne pas s'écarter de son orbite. Il semble que ce déplacement du centre politique soit une entreprise toute neuve et tout à fait extraordinaire. On se plaît à oublier ou peut-être à ignorer les précédents de l'histoire. Et cependant, que d'encouragements elle offre à notre timidité! Combien de capitales transplantées pour des causes diverses, à l'occasion de quelque crise morale ou de quelque évolution politique le plus souvent moins pressante que les périls dont nous avons à nous préoccuper!

C'est ainsi que Thèbes, capitale de l'Egypte tant que l'Egypte n'est qu'un royaume intérieur détaché de l'Ethiopie par une caste sacerdotale fugitive, cède la place à Memphis, puis à Alexandrie, quand l'Egypte devient un vaste empire dont le Nil mène la civilisation vers la mer : — sans parler du Caire qui, par suite de la décadence d'Alexandrie, prit à son tour le titre de capitale, mais à qui Alexandrie le dispute aujourd'hui de nouveau.

C'est ainsi que Rome, centre de création de la puissance romaine, est abandonnée pour Byzance, lorsque Constantin sent la nécessité de transporter le siége et la défense de l'empire chrétien sur un terrain où la religion nouvelle ait moins de peine à fleurir et d'où le bras armé de l'empereur puisse de plus près contenir et diviser le torrent des Barbares.

C'est ainsi que, selon les degrés de formation de l'empire d'Allemagne et les variations de sa destinée intérieure, la capitale militaire et militante établie par Charlemagne à Aix-la-Chapelle — entre le Rhin et la Meuse, à portée des deux foyers du développement germanique, les royaumes francs et les Etats de la patrie originelle — est transférée à Francfort pendant la période du féodalisme électoral, où la capitale de l'Empire est « la ville du couronnement »; puis à Vienne, lorsque les Habsbourg relèvent et transportent dans leur maison la puissance de l'Empire; puis enfin à Berlin, lorsque le vieux principe fédératif a été vaincu à Sadowa par le nouveau principe unitaire.

C'est ainsi que l'empire religieux des Arabes, né à la Mecque, a pour capitales successives, suivant le sort des querelles schismatiques et des conflits dynastiques, Médine, Damas et Bagdad,— sans compter les khalifats détachés du Caire et de Cordoue.

C'est ainsi que Miyako, résidence du mikado, souverain spirituel du Japon, est détrônée par Yedo, lorsque le koubo Taïko-Sama transforme la constitution de l'Etat et y donne la prédominance au règne temporel.

C'est ainsi qu'Ispahan, chef-lieu de l'Irak-Adjémi sous les khalifes de Bagdad et ensuite capitale de la

Perse sous les Sophis, passe au second rang lorsque, après de longues convulsions, la dynastie des Kadjars parvient à remettre sur pied l'empire d'Iran et adopte Téhéran pour capitale.

C'est ainsi que Moscou demeure à la fois la capitale et la ville sainte de la Russie jusqu'au moment où Pierre le Grand, dans le double but de s'approprier la puissance religieuse et de faire de la Russie un Etat maritime et européen, supprime le patriarcat de Moscou et fait de Saint-Pétersbourg le siége nouveau de l'Empire.

C'est ainsi que Tolède, la vieille capitale gothique, mauresque et castillane, un instant adoptée par Charles-Quint, est délaissée pour Madrid lorsque les Espagnes deviennent l'Espagne.

C'est ainsi que les transformations modernes de l'Italie commencent par s'opérer autour de Turin, alors que le mouvement révolutionnaire a choisi pour centre de gravitation la monarchie piémontaise; puis que le siége s'en établit à Florence, lorsque la dynastie de Savoie se voit contrainte de compter à la fois et avec les susceptibilités du vieil esprit italique et avec les nécessités d'ordre diplomatique imposées à la France par la « question romaine »; enfin, que la capitale est transportée à Rome lorsque l'Italie, mettant à profit la guerre de 1870, croit que sa fortune lui commande la grosse aventure de prendre corps à corps la vieille tradition catholique et pontificale sur le sol même où elle a poussé ses racines séculaires.

C'est ainsi — ou du moins par une résolution analogue et digne d'être relevée ici tout particulièrement — que les fondateurs de l'Union américaine, au lieu de s'attarder à Philadelphie, assignent, pour résidence aux pouvoirs publics, une cité nouvelle à fonder sur un territoire qui sera soumis à une législation toute spéciale.

Tant d'audaces ne pourront-elles nous inspirer un peu de hardiesse? Les grands résultats politiques qui sont liés à tel ou tel de ces précédents ne nous fournissent-ils point d'assez puissantes incitations? Et jamais acte de décision répondit-il à des nécessités plus évidentes et plus impérieuses?

D'ailleurs, s'agit-il ici de punir Paris? Non, il s'agit d'assurer le salut de la France.

S'agit-il d'amoindrir le rang intellectuel et la richesse matérielle de Paris? Pas davantage. Paris doit demeurer le foyer central de la civilisation française sous ses formes intellectuelles et artistiques les plus diverses, le grand marché de la finance européenne et de l'industrie nationale, et Paris exercera ce rôle avec un éclat d'autant plus soutenu lorsqu'il ne sera plus exposé à des perturbations périodiques qui, en interrompant le cours normal du travail et du commerce, vont atteindre jusqu'en leurs sources vives la richesse, la splendeur et la sécurité de la cité elle-même.

S'agit-il enfin d'enlever à Paris le titre de capitale souveraine et couronnée? Pas le moins du monde. Il ne saurait, à aucun degré, convenir à un chef de l'État — et surtout à un Prince qui, dans notre conviction, doit être un Bonaparte — de paraître redouter Paris et de lui témoigner de la défiance. Paris peut et doit rester la résidence habituelle du chef de l'État, le siége du pouvoir souverain pour ses œuvres de représentation solennelle.

Quelle est donc, alors, la réforme à opérer?
Elle peut se résumer et se formuler ainsi :

« Paris demeure résidence souveraine et conserve le titre de capitale *ad honores*.

« Le siége effectif des États-Généraux (1) et des pouvoirs publics est établi à Tours (ou Bourges, ou Clermont-Ferrand), qui prend le titre de *Chef-lieu des États de France*. »

---

(1) Dans le système d'ensemble auquel je me suis déjà référé, la représentation nationale a pour organe supérieur les États-Généraux, formés de la réunion des assemblées provinciales.

On aperçoit aisément que la réforme proposée a pour objectif principal de transporter hors de Paris, normalement et systématiquement, le siége des grandes Assemblées représentatives.

Et l'innovation politique n'est pas autre chose ici que le rétablissement de la tradition historique.

Car la tradition historique consiste en ceci : que Paris a été le centre de formation de la France et la résidence préférée de nos rois ; mais il n'est nullement dans la tradition historique que les assemblées représentatives se réunissent à Paris. Tout au contraire, les États-Généraux, prélude de nos Chambres modernes, furent convoqués le plus souvent dans quelque autre ville du royaume, de préférence à Tours, et quand ils se réunirent à Paris, ils furent particulièrement agités et stériles : — il suffit de rappeler les États de 1356, dont les scènes sanglantes offrent plus d'une analogie avec la Commune de 1871 ; ceux de 1593, qui ne furent pas moins insensés que notre conseil municipal actuel, quoique de façon différente ; et ceux de 1614, où l'on se querella furieusement sans rien conclure, tout comme il advient dans une assemblée législative de la république.

C'est donc rentrer dans la tradition historique, et non point en sortir, que d'éloigner de Paris les grandes assemblées délibérantes et de les soustraire ainsi à l'atmosphère troublée qui se dégage autour d'elles dans un centre naturellement tumultueux (1).

Pour compléter cette mesure, pour ramener Paris à un état normal, à une condition d'esprit tempérée et régulière, il serait nécessaire d'y rétablir la vraie vie *communale*, celle qui répond à une véritable *communauté* d'intérêts sociaux ; et, à cet effet, au lieu de donner à Paris un seul conseil municipal, qui ne représente

---

(1) La Révolution elle-même eut là-dessus ses heures d'inutile clairvoyance : « La Convention, disait Roland, ira s'établir au delà de la Loire, si la capitale n'offre pas à ses membres sûreté et liberté. »

que des intérêts vagues, divers, contradictoires; au
lieu de constituer ainsi un organe d'agitation et de
révolution, non d'administration et d'ordre; au lieu de
placer Paris — selon l'absurde doctrine de M. Thiers —
sous le régime du « droit commun » en matière municipale ; au lieu d'appliquer aux intérêts de Paris les
mêmes procédés de gestion qu'à ceux de Landerneau
ou de Noisy-le-Sec, il y aurait lieu de subdiviser Paris
en autant de municipalités distinctes, ayant chacune
son autonomie, représentant des groupes homogènes
ou destinés à le devenir, répondant ainsi à la notion
naturelle et logique de la « commune » et reliées
entre elles par une « délégation municipale » pour ce qui
concerne les intérêts généraux de la cité (1).

En ceci encore, on ne ferait que rentrer dans la tradition historique, car chacun sait que Paris, aux pre-
mières époques de sa grande destinée, fut divisé en plusieurs circonscriptions communales ou juridictions cor-
poratives et que, sous la révolution elle-même, Paris
compta soixante districts de par la loi de 1789, quarante-
huit sections de par la loi de 1790: divisions dont l'autonomie instinctive ne laissa point de s'affirmer même au
travers de leur absorption temporaire dans la Commune
dictatoriale de 1792 et retrouva une sanction nouvelle,
en 1795, dans l'institution des douze municipalités.

Ainsi Paris, organisé suivant la tradition et le sens
commun, protégé contre sa propre impressionnabilité,
décapitalisé seulement dans son esprit révolutionnaire,
verrait s'accroître et se consolider sa fortune dès qu'il
n'inspirerait plus de défiance à la France et à l'étranger.

---

(1) Je ne fais ici qu'indiquer la nécessité d'une transformation
municipale de la ville de Paris : les bases en seront mieux pré-
cisées dans le livre. — J'ajoute — également par voie incidente
— que, les fortifications de Paris étant inutiles, il n'y a aucune
bonne raison de laisser sans valeur l'immense superficie de terrain qu'elles occupent. Il y aurait là de quoi racheter et supprimer les charges impopulaires de l'octroi.

Et la France, qui subit depuis bientôt un siècle les révolutions que Paris lui envoie toutes faites; la France, qui, à travers ces révolutions, cherche vainement l'assiette de ses pouvoirs publics ; la France, qui finirait par laisser la vie à ce retour incessant de phases critiques, la France pourrait enfin reprendre un peu de calme, établir ses institutions sur des principes, non sur des émeutes, et donner au monde un véritable grand exemple par le développement pacifique d'une démocratie réconciliée avec l'ordre.

Mais ce n'est point là ce qu'il faut à nos maîtres en l'art de gouverner. Ils veulent, à ce qu'ils assurent, rétablir les assemblées délibérantes dans Paris, c'est-à-dire y ramener la révolution. Ils disent qu'ils le veulent — je ne crois pas qu'ils l'osent (1). En tous cas, s'ils ne le font point, c'est la peur, non la sagesse, qui les en empêchera.

VI

Je ne puis terminer ce travail sans invoquer ici un souvenir qui, au moment où reparaît la question de la capitale, reprend une actualité singulière.

Pendant la Commune de 1871, je faisais partie d'une commission de conciliation que les syndicats parisiens du commerce et de l'industrie avaient accréditée et que M. Thiers avait reconnue (2).

(1) Tout ceci était écrit et prêt à mettre sous presse avant la délibération de la commission qui propose de réserver la question de la capitale au jugement d'un congrès, c'est-à-dire de la renvoyer aux calendes de tous les programmes républicains.

(2) Voir, sur cette commission et sur l'histoire de ses agissements : *Les Aveux d'un conspirateur bonapartiste*, par Jules Amigues.— Paris, L. Lachaud, éditeur, 1874.

Le vendredi 7 avril, cinq ou six délégués de cette commission se rendirent à Versailles. J'étais l'un d'entre eux. Les autres étaient, si je m'en souviens bien : MM. Hippolyte Marestaing, directeur de la Compagnie d'assurances la *Préservatrice* (aujourd'hui rue Louis-le-Grand, 8) ; E. Levallois, négociant en tissus (rue du Sentier, 24) ; Lhuillier, négociant (boulevard Sébastopol, 66), qui fut ensuite adjoint au maire du troisième arrondissement et qui, depuis, est décédé ; Charles Rault, négociant, plus tard candidat à la députation de Paris, et dont j'ignore aujourd'hui l'adresse, n'ayant point conservé avec lui de relations. Peut-être y avait-il encore d'autres délégués ; si j'en oublie, ils réclameront. En tous cas, ceux que j'indique et qui survivent peuvent me servir de témoins.

A Versailles, notre arrivée causa quelque émoi, d'un caractère peu bienveillant : il suffisait, pour cela, que nous vinssions de Paris, tant le schisme était déjà violent et douloureux entre les deux grands éléments actifs de la guerre civile. Cependant, sur la demande adressée par M. H. Marestaing à M. de Rémusat fils, et grâce à l'entremise obligeante de ce dernier, un groupe de députés consentit à nous entendre.

On se réunit dans un des bureaux de l'Assemblée. Il y avait là de vingt-cinq à trente députés, presque tous appartenant aux diverses fractions de la droite et parmi lesquels ma mémoire me permet de citer MM. l'amiral Crosnier, Johnston, Germain, Lespérut, Paul de Rémusat et Vitet.

Le début de la séance ne fut pas sans quelque agitation. Quoique M. Marestaing, au nom de l'*Union nationale du commerce et de l'industrie*, eût commencé par produire les pouvoirs dont nous étions munis, un député nous reprocha sans ménagement de nous faire « les porte-paroles des gens de la Commune ». A quoi Marestaing répondit, avec non moins de verdeur : « que nous n'étions pas cela le moins du monde, mais des citoyens ayant charge d'âmes, des industriels ayant charge d'intérêts, et qu'à ce double titre nous étions les représentants de la population modérée de Paris ; que cette population, abandonnée à elle-même, laissée sans direction et sans défense par la retraite du gouvernement, avait bien le droit de porter à Versailles des informations, sinon des plaintes, et que l'accueil dont on nous gratifiait était à nos propres yeux un témoignage de notre patriotisme. »

Quelques députés s'interposèrent et, quand le débat fut devenu calme, je demandai la permission de m'y mêler.

Mon nom était connu de quelques-uns des députés présents et ne leur était point alors antipathique, car c'était ma campagne de décentralisation dans le *Moniteur universel* qui m'avait valu l'honneur de fixer leur attention. Je repris ce thème devant eux, en l'appropriant de mon mieux à la situation présente, et, après quelques préliminaires, j'en vins à demander à mes honorables auditeurs ce qu'ils penseraient — *in abstracto* et en dehors des préoccupations passionnées du moment — d'un accommodement ou plutôt d'un système dans lequel :

« *Paris ne serait plus la capitale de la France ;*

« Cette capitale serait définitivement établie par l'Assemblée à Versailles ou sur un autre point du territoire ;

« L'Assemblée instituerait, en pleine liberté, le gouvernement de ses préférences (de quoi je sentais, je l'avoue, qu'elle eût été fort embarrassée) ;

« La réorganisation de la province serait prise pour base du nouveau régime politique et administratif ;

« Paris n'étant plus capitale, mais étant toujours une ville énorme et anormale, douée d'un tempérament spécial et de besoins particuliers, formerait, à lui seul, un département à part, distinct de la banlieue rurale, et aurait la faculté de présenter à l'agrément de l'Assemblée un projet de constitution communale (1) ; des commissaires, nommés par la ville de Paris, seraient admis à soutenir ce projet devant l'Assemblée ;

« La Commune actuelle se dissoudrait, cela va sans dire, et le projet d'organisation municipale pour Paris serait discuté par un conseil nouveau, dont les élections seraient faites d'accord avec le gouvernement, sous l'administration et le contrôle d'une commission provisoire empruntée aux chambres syndicales et aux divers corps constitués de la ville de Paris ;

« En vue d'assurer la liberté et la paix de ces élections, les gardes nationales seraient préalablement dissoutes, non pas seulement à Paris, mais dans toute l'étendue du territoire; et il n'y aurait plus, en France, d'autre force publique que l'armée, réorganisée sur la base du service obligatoire et égal pour tous. »

Aucune objection ne s'éleva contre cet ensemble de vues. Tout au contraire, la plupart des personnes présentes reconnurent, en s'écriant, que ce serait là une solution idéale, parce qu'elle ne répondrait pas seulement aux circonstances actuelles, mais à des besoins permanents.

Chose étrange — et qui mérite de rester comme un trait caractéristique de ces temps de douloureuse folie — déjà cette même proposition avait été accueillie à Paris avec enthousiasme dans plusieurs réunions,

---

(1) Je n'ignore ni ne méconnais la contradiction entre ces deux termes : Paris, *département*, se faisant à lui-même une constitution *communale*. Mais c'était alors un moment de cohue dans les idées comme dans les choses. Le projet, aujourd'hui oublié, de faire de Paris un département spécial avait rencontré de la faveur, et M. Henri Martin le soutint, par la voie de la presse, dans une campagne fort active. Pour moi, je l'avais accueilli avec empressement, sachant combien les mots ont d'influence sur l'esprit des hommes et trouvant, dans la dénomination de *département*, un moyen de subordonner ou d'éliminer celle de *Commune*, avec les souvenirs qui y sont attachés en ce qui concerne Paris.

notamment dans une assemblée générale de l'Union du commerce et de l'industrie, tenue au Conservatoire des Arts-et-Métiers. Paris voulait, spontanément et passionnément, être décapitalisé. Paris ne voulait plus entendre parler ni d'assemblées nationales ni de gouvernement. Il y avait là, à vrai dire, un phénomène pathologique : Paris, isolé de la France par un long siége, en était maintenant comme séparé par une véritable « vivisection ».

Quoi qu'il en soit, et si absurde que cela puisse paraître, Paris et Versailles étaient d'accord par l'excès même de leurs haines : une force commune de dissolution les poussait à se séparer et ils ne se battaient que parce qu'ils ne trouvaient point la loi et la formule de cette séparation.

Aussi —pourquoi hésiterais-je à le confesser —j'eus un instant l'orgueilleuse espérance d'arrêter l'abominable conflit par un accommodement de transition qui peut-être deviendrait la base d'arrangements réguliers et durables.

— Voyons, messieurs, m'écriai-je en prenant en main une plume, puisque vous croyez que ce que j'ai dit peut se faire et serait bon à faire, rédigeons, séance tenante, sur les bases que je viens de dire, un projet de loi en sept articles ; présentez-le demain ou tout à l'heure à l'Assemblée nationale, et nous nous faisons fort, mes amis et moi, à nos risques et périls, de le faire accepter par la population de Paris, avec ou sans l'assentiment de la Commune (1).

Il se fit un silence ; puis un des députés me répondit : « que ces idées étaient trop hardies ; que la majorité de la Chambre ne les accepterait pas ; qu'on se

____

(1) C'est un fait peu connu, et non point indigne d'être relevé par l'histoire, que ce projet de traité, ou du moins un traité tout à fait semblable, approuvé ultérieurement par M. Thiers, fut accepté par la Commune —mais dans l'effarement de la ruine et lorsqu'il n'était plus temps d'empêcher les désastres de la dernière heure.

serait gratuitement compromis en les présentant, parce qu'on aurait paru ainsi se prêter à des transactions avec la Commune, dont il fallait absolument obtenir la soumission sans réserve »; — et autres raisons à l'avenant, c'est-à-dire tout le bagage ordinaire des gens sans décision qui voudraient bien ceci et qui font cela.

Quelqu'un ajouta qu'au surplus toute espèce d'action, en ce qui concernait l'affaire de la Commune, ressortissait au pouvoir exécutif, et que c'était conséquemment à M. Thiers que nous devions nous adresser:—en France, où l'on ne veut pas entendre parler de « pouvoir personnel », on se réfugie toujours derrière quelqu'un dès qu'il s'agit de prendre un parti.

Là-dessus, plusieurs députés se levèrent pour se retirer. Il y eut seulement, pour clore selon la loi d'harmonie des pourparlers qui se tenaient au bruit du canon, une violente explosion de colloques personnels et de récriminations entrecroisées.

Pendant ce temps et au milieu du tumulte, je disais à ceux qui avaient l'extrême bonté de m'écouter encore :

— Messieurs, si aux vues que j'avais l'honneur de vous exposer tout à l'heure, vous aviez répondu par la contradiction ou l'ironie, je me serais dit à moi-même que je suis en avance de dix ou vingt ans sur l'état actuel des esprits et je me serais, sans trop de regret, résigné au silence, étant sûr de n'être pas entendu. Mais vous me dites que j'ai raison, que je suis dans le vrai, que j'indique la solution logique et pratique ; et quand je vous propose de fixer dans un acte écrit cette adhésion que m'expriment vos paroles, vous vous y refusez ! Cela est grave, messieurs, laissez-moi vous le dire; car cela témoigne du manque de certitude qui règne chez nous dans les meilleurs esprits. Or, un pays qui n'a point de certitudes, c'est-à-dire point de convictions, et où les plus honnêtes gens agissent contre ce qu'ils pensent, est un pays bien malade, sinon un pays perdu.

Ces paroles, qui formèrent la conclusion de notre première visite à Versailles, pourraient, je le crains, servir aussi d'épilogue à l'étude que j'achève ici.

La « question de la capitale », posée il y a huit ans par le soulèvement de la Commune, se pose aujourd'hui de nouveau par la fausse réconciliation des partis républicains. Elle n'a point fait un pas depuis lors : que dis-je ? Elle a reculé. Elle reparaît en fait, mais on peut dire qu'elle a disparu du monde des idées.

En ce temps-là, nos hommes politiques, secoués par de terribles ébranlements, vaguement éclairés par les lueurs de l'incendie, avaient, tout au fond, le sentiment de reconstructions nécessaires et, s'ils étaient impuissants à les entreprendre, du moins souffraient-ils qu'on les leur signalât.

Aujourd'hui le péril, ne semblant pas menacer d'aussi près ceux qui nous gouvernent, est pour eux absent : ils ne veulent point qu'on en parle ou demeurent sourds à ce qu'on en dit et ne trouvent point qu'il y ait autre chose à faire que d'amuser les badauds avec le boniment ordinaire sur les « réformes ». Ils sont au pouvoir : c'est tout ce qui importe à eux-mêmes et à la France. Ils ont fui de Paris en un jour d'émeute, par terreur, à la suite du fatal vieillard qui, pour la misérable vanité d'être leur chef, leur servait de couverture dans le monde ; quatre ans plus tard, ils ont mis leur fuite en « lois constitutionnelles » pour complaire aux trembleurs orléanisants qui, à ce prix, leur concédaient la république, avec espoir et intention de la reprendre ; et maintenant, les uns songent à rentrer dans Paris pour être moins dérangés, mener plus grand train et satrapiser plus à l'aise ; d'autres y rechignent, n'étant encore que mal rassurés. Les idées générales,

les sentiments patriotiques, les prévisions politiques n'ont rien à faire dans tout cela : c'est le hasard particulier de ses plaisirs ou de ses frayeurs qui mène chacun de ces hommes.

Ils périront dans une commune aventure. Qu'ils rentrent dans Paris ou qu'ils restent dehors, cela n'importe guère. S'ils rentrent, ils viendront chercher la révolution ; s'ils restent dehors, la révolution ira les chercher : en un cas comme en l'autre, ils sont marqués pour un jour prochain. Leur chute ne ferait que peu de poussière : — mais Dieu veuille qu'ils ne tombent point entraînés dans une telle ruine, que de longtemps on ne puisse rien bâtir sur le sol convulsionné !

Jules Amigues.

Paris, mars 1879.

Paris. — Imp. F. DEBONS et Cᵉ, 16, rue du Croissant

PARIS. — IMP. F. DEBONS ET Cie, 16, RUE DU CROISSANT.